Impressum
Verlag: BABADADA GmbH, Nedderfeld 112 , 22529 Hamburg
Geschäftsführer / Verlagsleitung: Harald Hof
Druck: Books on Demand GmbH, In de Tarpen 42, 22848 Norderstedt

Imprint
Publisher: BABADADA GmbH, Nedderfeld 112 , 22529 Hamburg, Germany
Managing Director / Publishing direction: Harald Hof
Print: Books on Demand GmbH, In de Tarpen 42, 22848 Norderstedt, Germany

AF187351

学校

школа

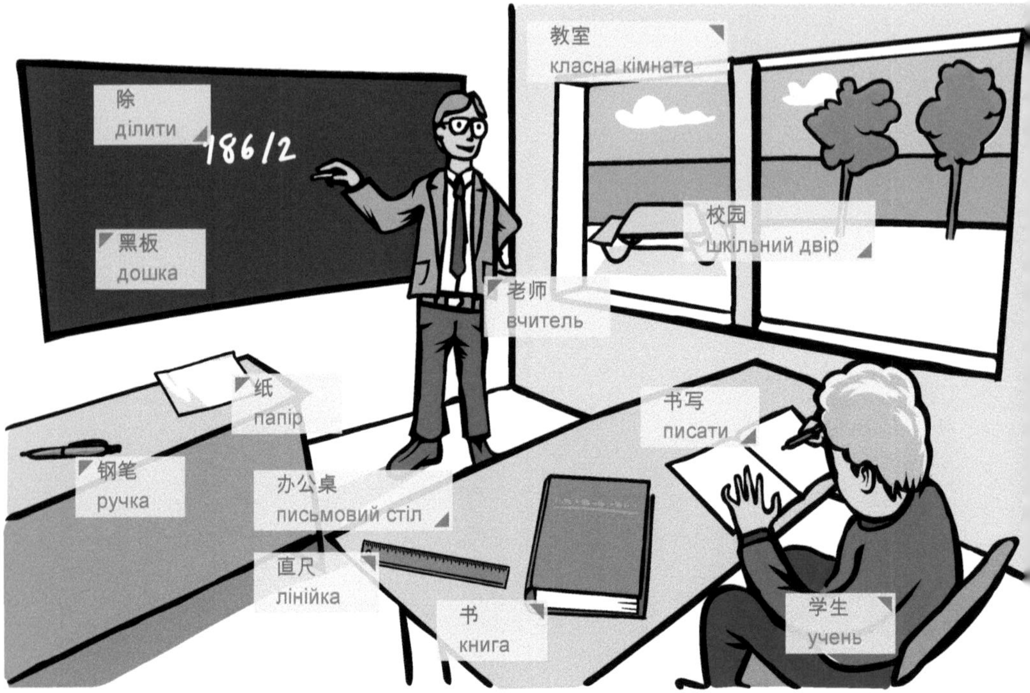
教室
класна кімната
除
ділити
186/2
黑板
дошка
校园
шкільний двір
老师
вчитель
纸
папір
书写
писати
钢笔
ручка
办公桌
письмовий стіл
直尺
лінійка
书
книга
学生
учень

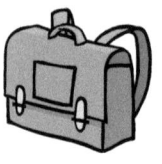

书包

ранець

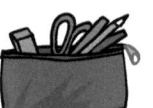

铅笔盒

пенал

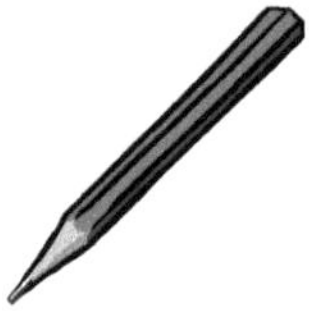

铅笔

олівець

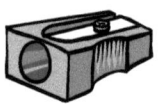

卷笔刀

точило

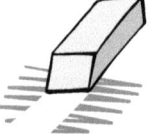

橡皮擦

гумка

画板

альбом для малювання

图画

малюнок

画笔

пензель

颜料盒

коробка фарб

剪刀

ножиці

胶水

клей

练习册

зошит

家庭作业

домашнє завдання

12

数字

число

2+2

加

додавати

5-2

减

віднімати

2×2

乘

множити

计算

рахувати

A

字母

літера

ABCDEFG
HIJKLMN
OPQRSTU
VWXYZ

字母表

абетка

hello

字

слово

课文

текст

读

читати

粉笔

крейда

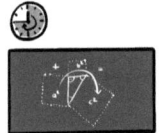

上课

година

登记

класний журнал

考试

екзамен

证书

диплом

校服

шкільна форма

教育

освіта

百科全书

лексикон

大学

університет

显微镜

мікроскоп

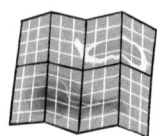

地图

карта

废纸筐

кошик для паперу

旅行

подорож

酒店
готель
青年旅社
турбаза
ROOMS
外币兑换处
обмінний пункт
手提箱
валіза
汽车
автомобіль

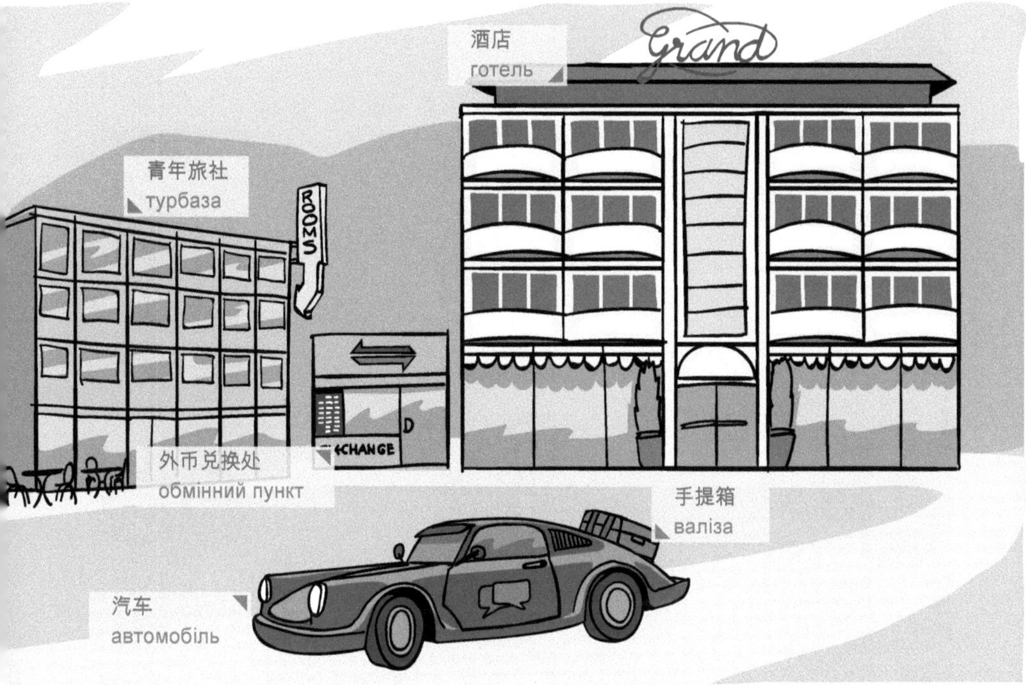

语言
мова

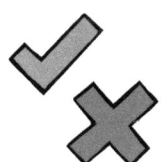

是/否
так / ні

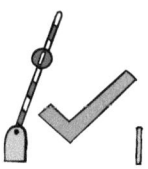

好的
добре

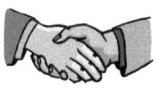

您好
привіт

翻译员
перекладач

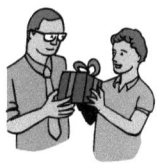

谢谢
дякую

……多少钱？

Скільки коштує ...?

我不明白

Я не розумію

问题

проблема

晚上好！

Добрий вечір!

早上好！

Доброго ранку!

晚安！

На добраніч!

再见

До побачення

方向

напрямок

行李

багаж

包

сумка

双肩包

рюкзак

客人

гість

房间

кімната

睡袋

спальний мішок

帐篷

намет

旅游信息

туристична інформація

海滩

пляж

信用卡

кредитна картка

早餐

сніданок

午餐

обід

晚餐

вечеря

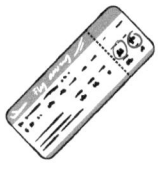

票

квиток

电梯

ліфт

邮票

поштова марка

边界

межа

海关

митниця

大使馆

посольство

签证

віза

护照

паспорт

旅行 - подорож

交通运输

транспорт

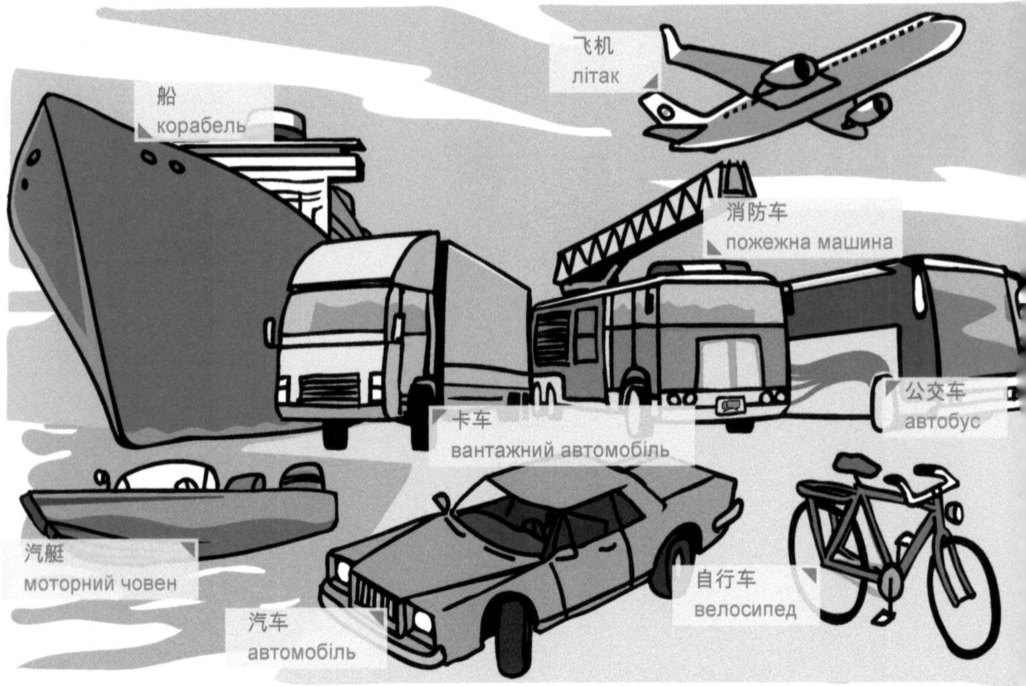
飞机
літак
船
корабель
消防车
пожежна машина
公交车
автобус
卡车
вантажний автомобіль
汽艇
моторний човен
自行车
велосипед
汽车
автомобіль

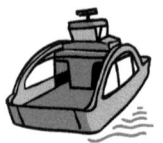

摆渡船

пором

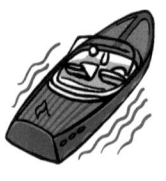

小船

човен

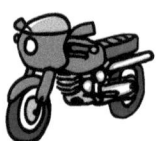

摩托车

мотоцикл

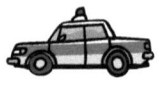

警车

поліцейська машина

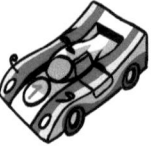

赛车

гоночний автомобіль

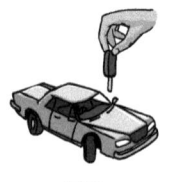

租车

автомобіль на прокат

拼车

пільне користування авто

拖车

евакуатор

垃圾车

сміттєвоз

发动机

двигун

汽油

паливо

加油站

автозаправна станція

交通标志

дорожній знак

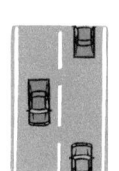

交通

рух

交通堵塞

затор

停车场

стоянка

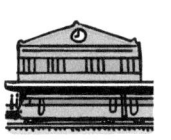

火车站

вокзал

轨道

рейки

火车

потяг

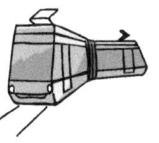

电车

трамвай

货车

вагон

直升机

гелікоптер

机场

аеропорт

塔

вежа

乘客

пасажир

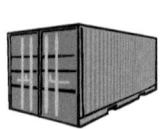

集装箱

контейнер

纸板箱

коробка

手推车

візок

篮子

кошик

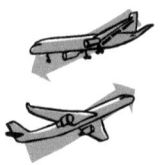

起飞/降落

стартувати / приземлятися

城市

місто

村庄

село

市中心

центр міста

房子

дім

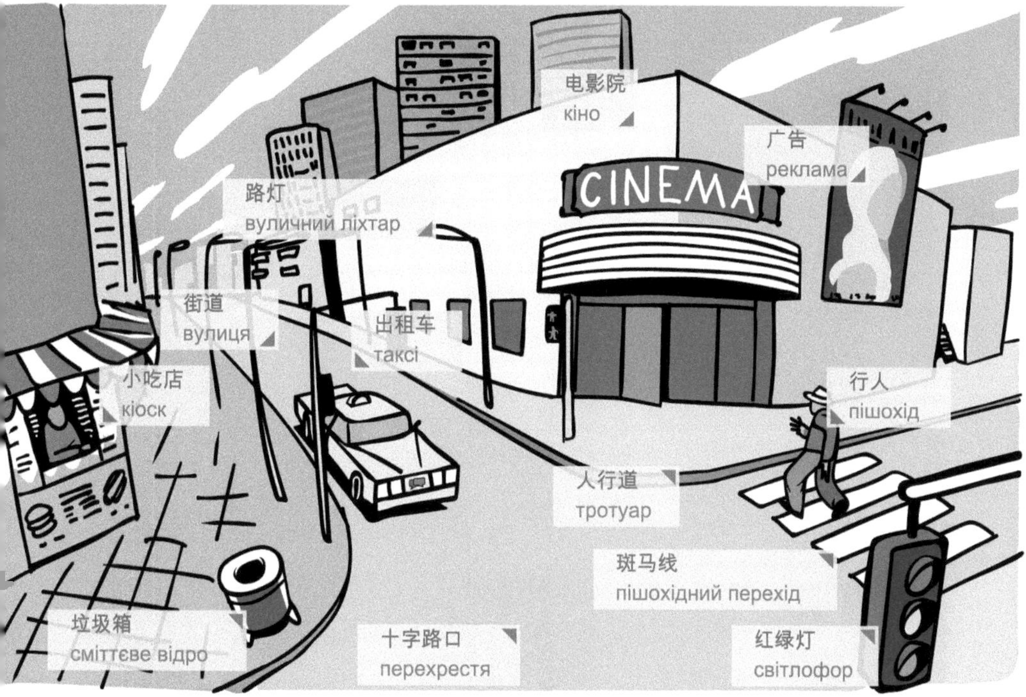

电影院
кіно
广告
реклама
CINEMA
路灯
вуличний ліхтар
街道
вулиця
出租车
таксі
小吃店
кіоск
行人
пішохід
人行道
тротуар
斑马线
пішохідний перехід
垃圾箱
сміттєве відро
十字路口
перехрестя
红绿灯
світлофор

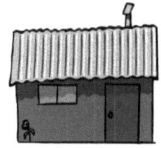

小屋
хатина

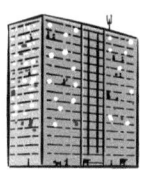

公寓
квартира

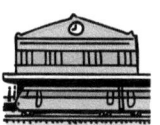

火车站
вокзал

市政厅
ратуша

MUSEUM
博物馆
музей

学校
школа

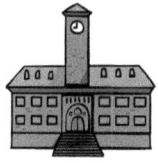

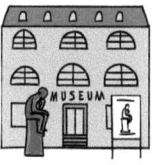

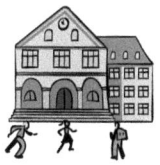

大学

університет

银行

банк

医院

лікарня

酒店

готель

药房

аптека

办公室

офіс

书店

книжковий магазин

商店

магазин

花店

квітковий магазин

超市

супермаркет

市场

ринок

百货商店

універмаг

鱼店

торговець рибою

购物中心

торговельний центр

海港

гавань

公园

парк

长凳

лава

桥

міст

楼梯

сходи

地铁

метро

隧道

тунель

公交车站

автобусна зупинка

酒吧

бар

餐馆

ресторан

邮筒

поштова скринька

路标

вулична табличка

停车计时器

лічильник паркування

动物园

зоопарк

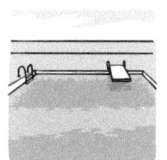

游泳馆

басейн

清真寺

мечеть

农场

ферма

污染

забруднення навколишнього середовища

墓地

кладовище

教堂

церква

操场

дитячий майданчик

寺庙

храм

地形

ландшафт

树叶
листок

指示牌
вказівний стовп

路
шлях

草地
луг

石头
камінь

树
дерево

徒步旅行者
мандрівник

河
річка

草
трава

花
квітка

峡谷

долина

山

гора

湖

озеро

森林

ліс

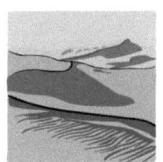

沙漠

пустеля

火山

вулкан

城堡

замок

彩虹

веселка

蘑菇

гриб

棕榈树

пальма

蚊子

комар

苍蝇

муха

蚂蚁

мурашка

蜜蜂

бджола

蜘蛛

павук

甲虫

жук

青蛙

жаба

松鼠

вивірка

刺猬

їжак

野兔

заєць

猫头鹰

сова

鸟

птах

天鹅

лебідь

野猪

кабан

鹿

олень

麋鹿

лось

水坝

гребля

风力发电机

вітряк

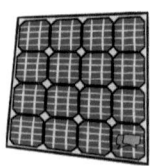

太阳能电池板

сонячний модуль

气候

клімат

餐馆

ресторан

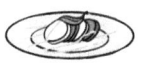

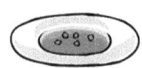

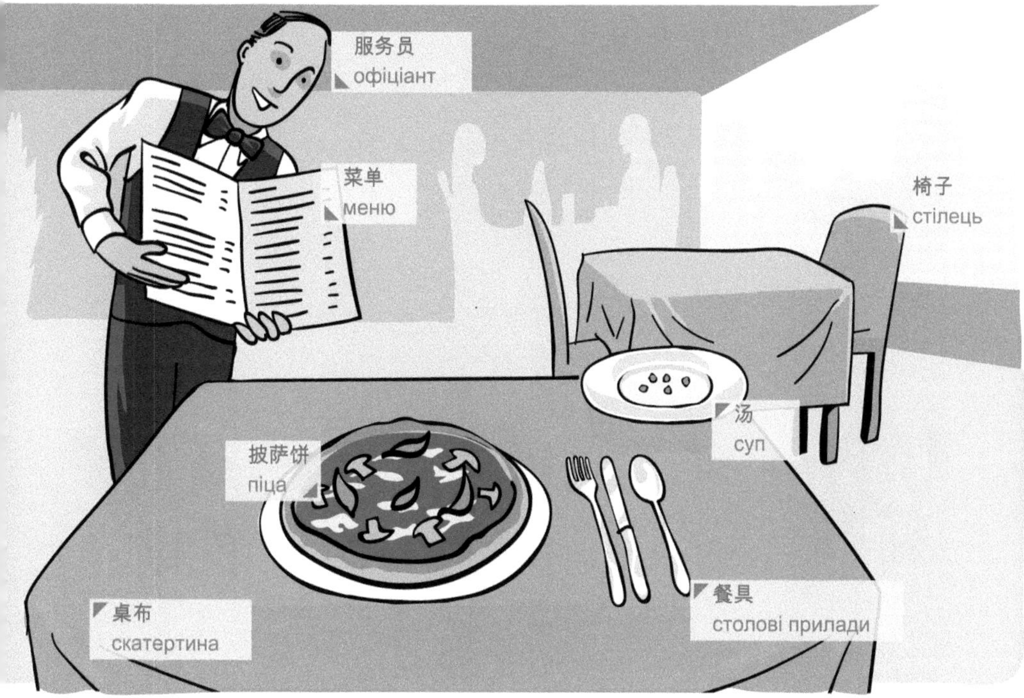
服务员
офіціант
菜单
меню
椅子
стілець
汤
суп
披萨饼
піца
餐具
столові прилади
桌布
скатертина

前菜

закуска

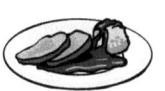

主菜

друга страва

甜点

десерт

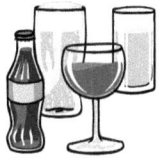

饮料

напої

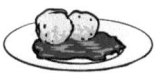

食物

їжа

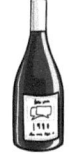

瓶子

пляшка

快餐

фаст-фуд

街边小吃

вулична їжа

茶壶

чайник

糖盒

цукорниця

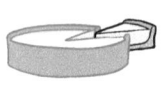

一份饭菜

порція

意式咖啡机

еспресо-машина

高脚椅

високий стільчик

账单

рахунок

托盘

піднос

刀

ніж

餐叉

вилка

勺子

ложка

茶匙

чайна ложка

餐巾

серветка

玻璃杯

склянка

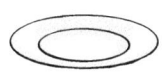

碟子

тарілка

汤盘

тарілка для супу

碟子

блюдце

酱

соус

盐瓶

солонка

胡椒磨

млин для перцю

醋

оцет

食用油

масло

调味料

спеції

番茄酱

кетчуп

芥末

гірчиця

蛋黄酱

майонез

超市

супермаркет

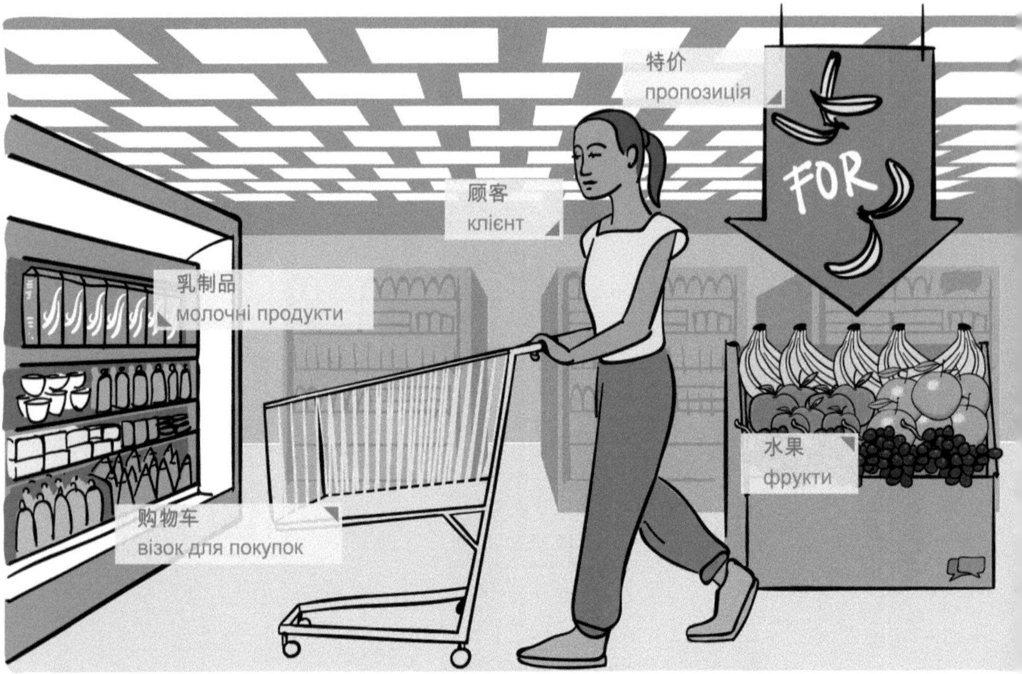
特价
пропозиція
FOR
顾客
клієнт
乳制品
молочні продукти
水果
фрукти
购物车
візок для покупок

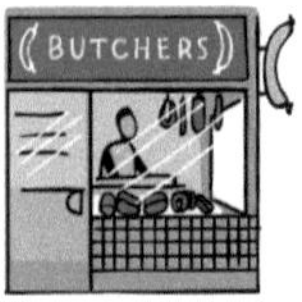
BUTCHERS

肉铺

м'ясний магазин

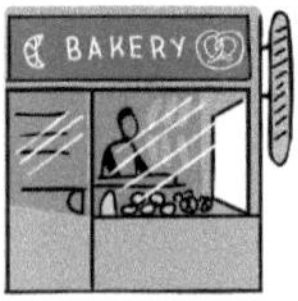
BAKERY

面包房

пекарня

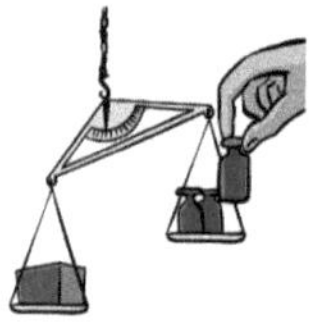

称重

зважувати

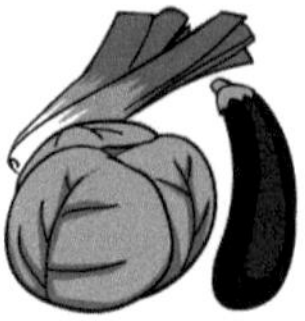

蔬菜

овочі

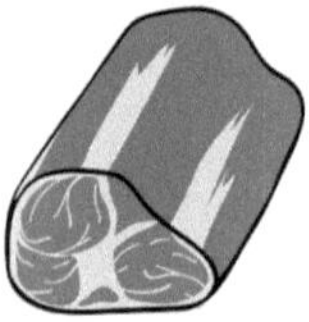

肉

м'ясо

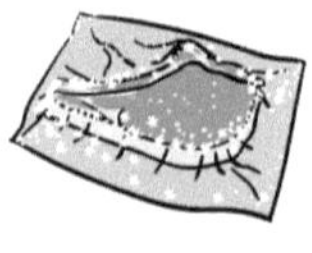

冷冻食品

заморожені продукти

冷盘

ковбасна нарізка

罐头食品

консерви

洗衣粉

пральний порошок

甜食

солодощі

日用品

предмети домашнього побуту

清洁用品

мийний засіб

销售员

продавщиця

收银机

каса

收银员

касир

购物清单

список покупок

开放时间

часи роботи

钱包

гаманець

信用卡

кредитна картка

袋子

сумка

塑料袋

поліетиленовий пакет

напої

水

вода

果汁

сік

牛奶

молоко

可乐

кола

红酒

вино

啤酒

пиво

酒

алкоголь

可可

какао

茶

чай

咖啡

кава

意式浓缩咖啡

еспресо

卡布奇诺

капучіно

香蕉

банан

苹果

яблуко

橙子

апельсин

西瓜

кавун

柠檬

лимон

胡萝卜

морква

大蒜

часник

竹子

бамбук

洋葱

цибуля

蘑菇

гриб

坚果

горішки

面条

локшина

意大利面条

спагеті

米饭

рис

沙拉

салат

薯条

картопля фрі

炸土豆

смажена картопля

披萨饼

піца

汉堡包

гамбургер

三明治

бутерброд

炸猪排

шніцель

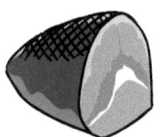

火腿

шинка

萨拉米

салямі

香肠

ковбаса

鸡肉

курка

烤肉

печеня

鱼

риба

燕麦片

вівсяні пластівці

穆兹利

мюслі

玉米片

кукурудзяні пластівці

面粉

борошно

羊角面包

круасан

面包卷

булочка

面包

хліб

烤面包

тостовий хліб

饼干

печиво

黄油

масло

凝乳

сир

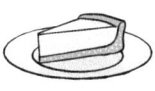

蛋糕

пиріг

蛋

яйце

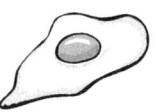

煎蛋

яєчня

奶酪

сир

食物 - їжа

冰激凌

морозиво

糖

цукор

蜂蜜

мед

果酱

мармелад

巧克力酱

нуга-крем

咖喱饭

карі

农场

ферма

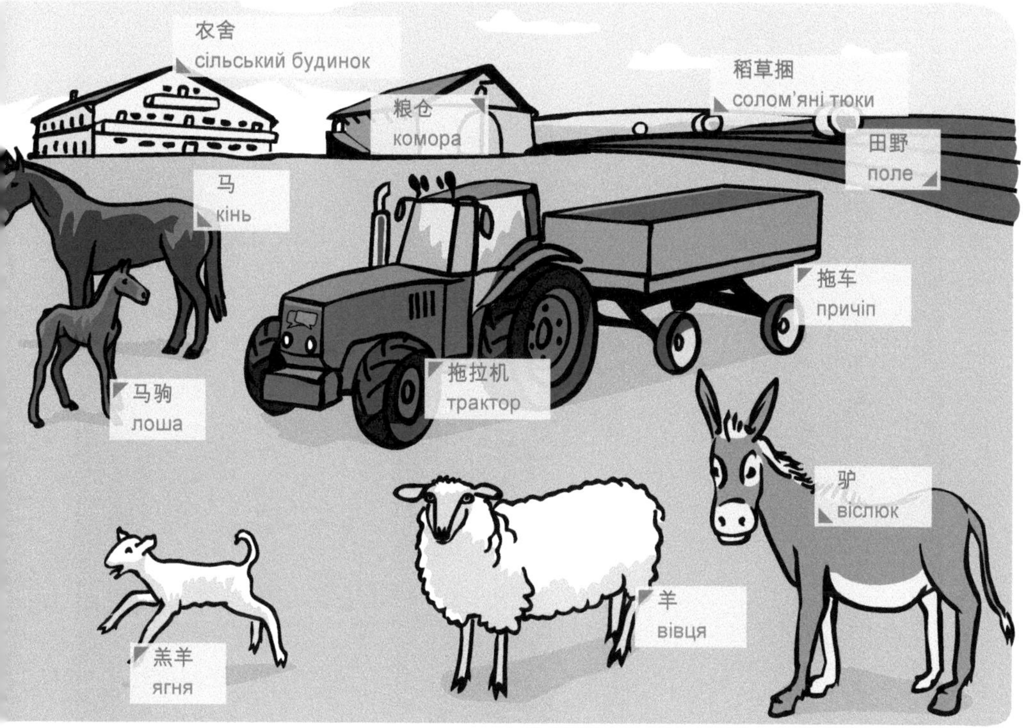

农舍
сільський будинок
粮仓
комора
稻草捆
солом'яні тюки
田野
поле
马
кінь
拖车
причіп
马驹
лоша
拖拉机
трактор
驴
віслюк
羊
вівця
羔羊
ягня

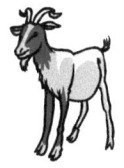

山羊

коза

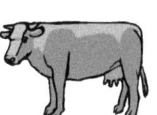

奶牛

корова

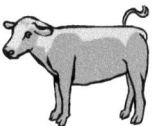

牛犊

теля

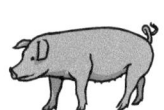

猪

свиня

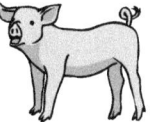

小猪

порося

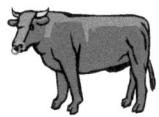

公牛

бик

鹅

гусак

鸭

качка

小鸡

курча

母鸡

курка

公鸡

півень

鼠

щур

猫

кіт

老鼠

миша

牛

віл

狗

собака

狗屋

собача будка

花园浇水软管

садовий шланг

洒水壶

лійка

长柄大镰刀

коса

犁

плуг

镰刀

серп

锄头

мотика

长柄草耙

вила

斧头

сокира

独轮手推车

тачка

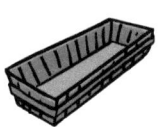

饲料槽

корито

牛奶罐

бідон молока

麻布袋

мішок

栅栏

паркан

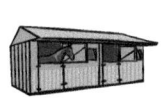

马厩

хлів

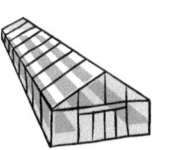

温室

теплиця

土壤

ґрунт

种子

насіння

肥料

добриво

联合收割机

комбайн

收割

пожинати

收割

урожай

山药

корінь ямсу

小麦

пшениця

大豆

соя

土豆

картопля

玉米

кукурудза

油菜籽

ріпак

果树

плодове дерево

树薯

маніок

谷物

злаки

房子

дім

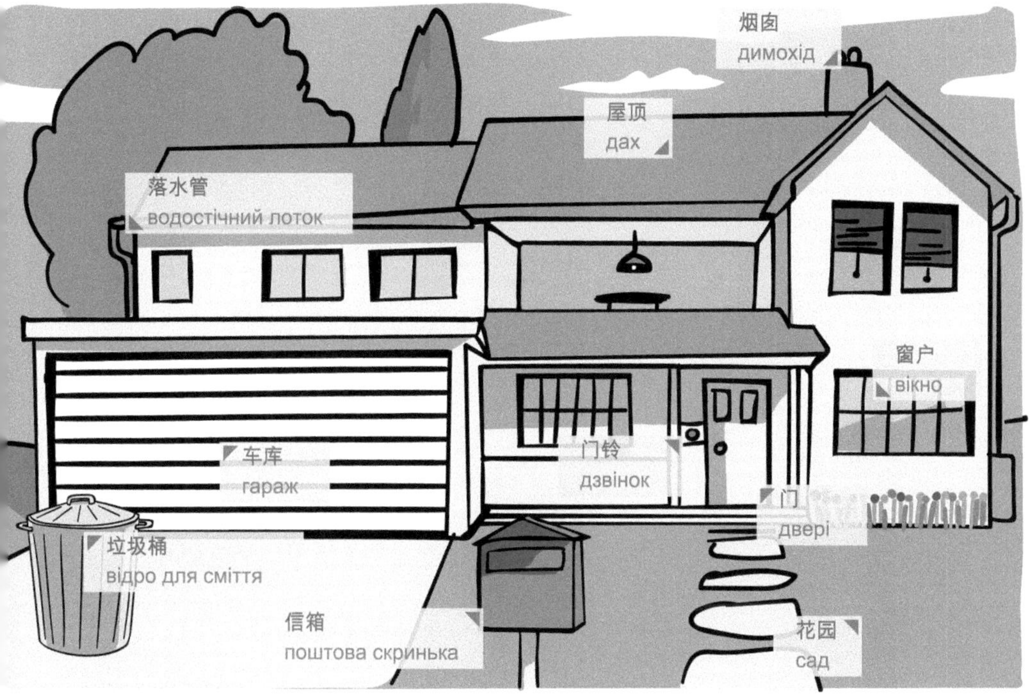

烟囱
димохід
屋顶
дах
落水管
водостічний лоток
窗户
вікно
车库
гараж
门铃
дзвінок
门
двері
垃圾桶
відро для сміття
信箱
поштова скринька
花园
сад

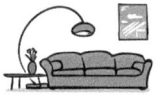

客厅

вітальня

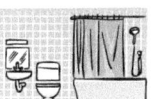

浴室

ванна кімната

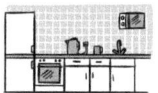

厨房

кухня

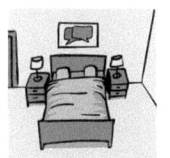

卧室

спальня

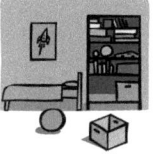

儿童房

дитяча кімната

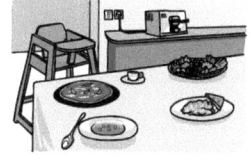

餐厅

їдальня

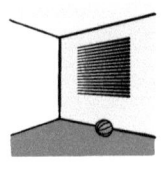

地板

підлога

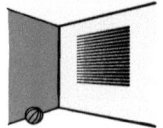

墙壁

стіна

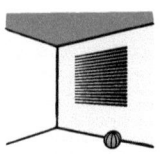

吊顶

стеля

地窖

підвал

桑拿

сауна

阳台

балкон

露台

тераса

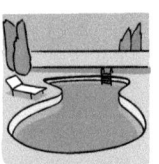

游泳池

басейн

割草机

косарка

被单

простирало

床罩

ковдра

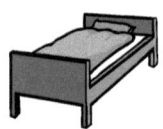

床

ліжко

扫帚

мітла

水桶

відро

开关

перемикач

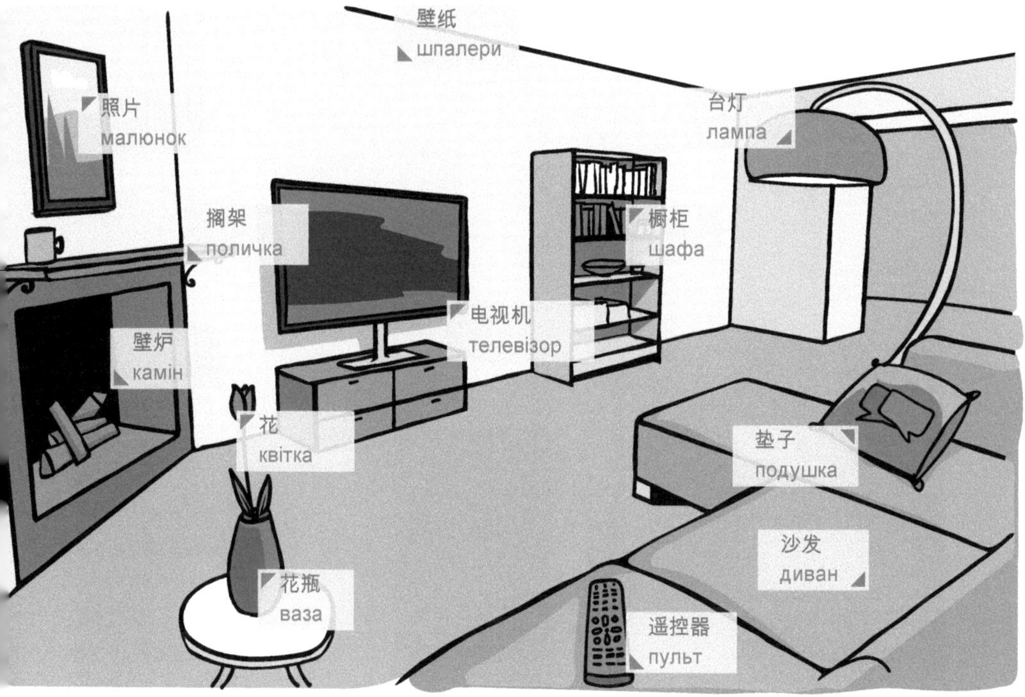

壁纸
шпалери

照片
малюнок

台灯
лампа

搁架
поличка

橱柜
шафа

壁炉
камін

电视机
телевізор

花
квітка

垫子
подушка

沙发
диван

花瓶
ваза

遥控器
пульт

地毯

килим

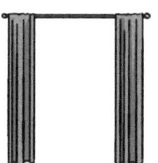

窗帘

завіса

餐桌

стіл

椅子

стілець

摇椅

крісло-гойдалка

扶手椅

крісло

书

книга

毯子

ковдра

装饰品

прикраса

木柴

дрова

电影

фільм

高保真音响

стереосистема

钥匙

ключ

报纸

газета

油画

картина

海报

плакат

收音机

радіо

笔记本

блокнот

吸尘器

пилосос

仙人掌

кактус

蜡烛

свічка

厨房

кухня

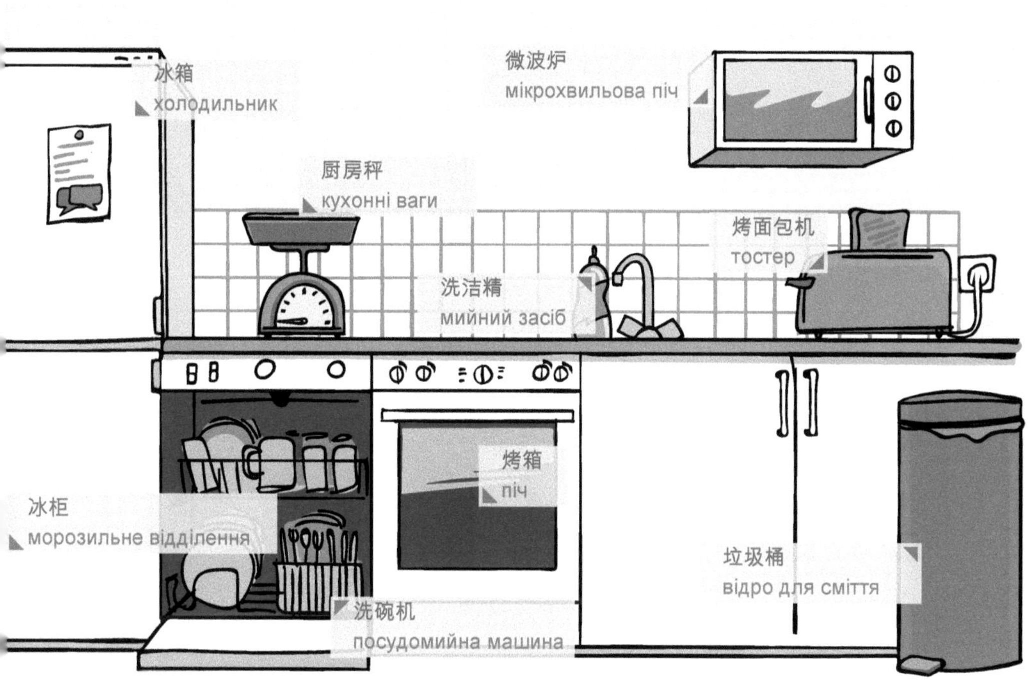

冰箱
холодильник
微波炉
мікрохвильова піч
厨房秤
кухонні ваги
烤面包机
тостер
洗洁精
мийний засіб
烤箱
піч
冰柜
морозильне відділення
垃圾桶
відро для сміття
洗碗机
посудомийна машина

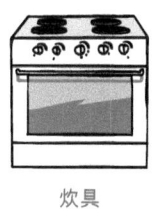

炊具

плита

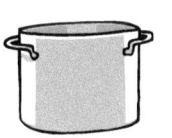

锅

горщик

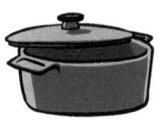

铸铁锅

чавунний горщик

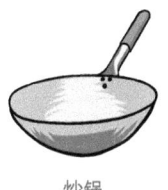

炒锅

вок / кадай

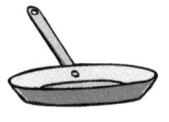

平底锅

сковорода

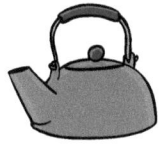

水壶

чайник

蒸锅

пароварка

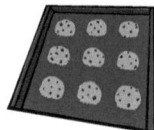

烤盘

лист

陶瓷锅

посуд

马克杯

кухоль

碗

чаша

筷子

палички для їжі

长柄勺

черпак

铲子

лопатка

搅拌器

вінчик для збивання

滤网

сито

筛子

сито

磨碎机

терка

研钵

ступка

烧烤

барбекю

明火

багаття

菜板

дошка

擀面杖

качалка

开瓶器

штопор

罐子

конзерва

开罐器

відкривачка

隔热手套

прихватки

水槽

раковина

刷子

щітка

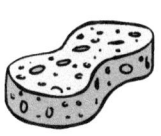

海绵

губка

搅拌机

міксер

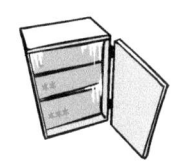

冷藏箱

морозильна камера

奶瓶

дитяча пляшка

水龙头

кран

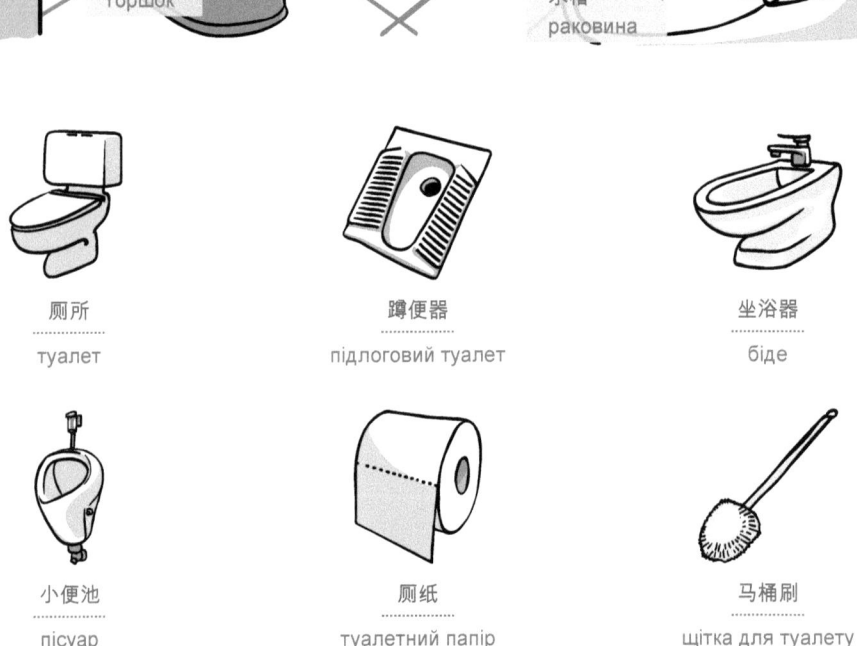

浴室

ванна кімната

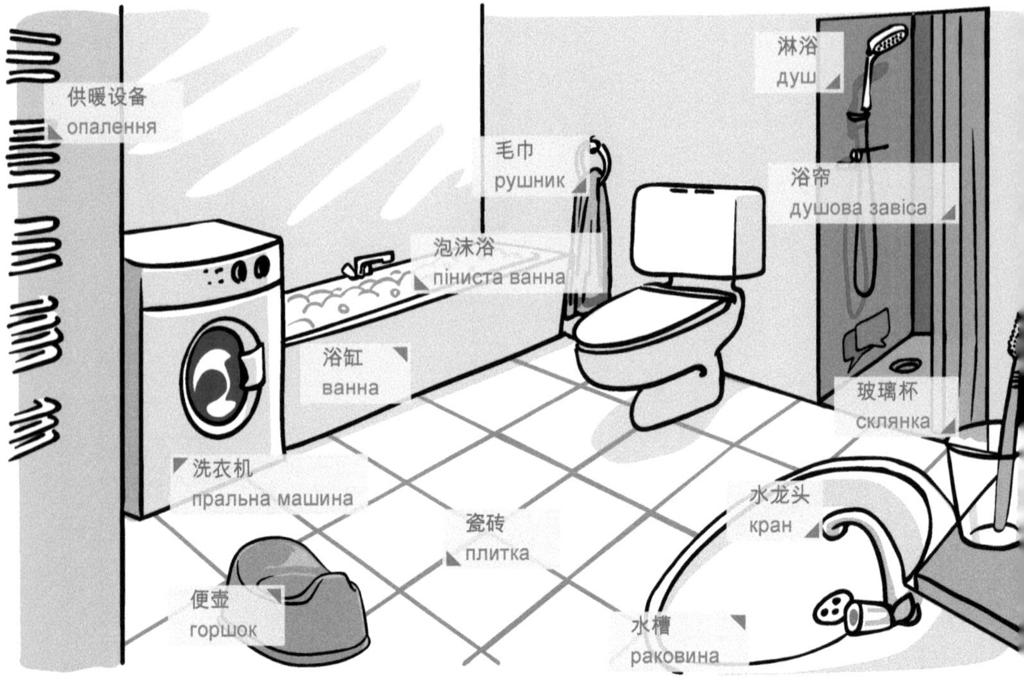
淋浴
душ
供暖设备
опалення
毛巾
рушник
浴帘
душова завіса
泡沫浴
піниста ванна
浴缸
ванна
玻璃杯
склянка
洗衣机
пральна машина
水龙头
кран
瓷砖
плитка
便壶
горшок
水槽
раковина

厕所

туалет

蹲便器

підлоговий туалет

坐浴器

біде

小便池

пісуар

厕纸

туалетний папір

马桶刷

щітка для туалету

牙刷

zубна щітка

牙膏

зубна паста

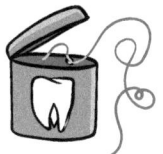

牙线

нитка для чищення зубів

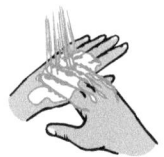

洗

мити

手持式喷淋头

ручний душ

冲洗器

інтимний душ

洗脸盆

таз

擦背刷

щітка для спини

肥皂

мило

沐浴露

гель для душу

洗发水

шампунь

法兰绒

мочалка

排水

водостік

乳霜

крем

除臭剂

дезодорант

浴室 - ванна кімната

镜子

дзеркало

手镜

косметичне дзеркало

剃须刀

бритва

剃须泡沫

піна для гоління

须后水

лосьйон після гоління

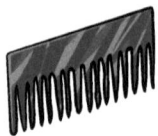

梳子

гребінь

刷子

щітка

吹风机

фен

喷发定型剂

лак для волосся

化妆品

косметика

唇膏

губна помада

指甲油

лак для нігтів

化妆棉

вата

指甲剪

ножиці для нігтів

香水

парфум

洗漱包

косметичка

凳子

табурет

计重秤

ваги

浴袍

халат

橡胶手套

гумові рукавички

卫生棉条

тампон

卫生巾

гігієнічні прокладки

化学厕所

біотуалет

儿童房

дитяча кімната

闹钟
будильник
毛绒玩具
м'яка іграшка
玩具车
іграшковий автомобіль
拨浪鼓
брязкальце
玩具屋
ляльковий будиночок
礼物
подарунок

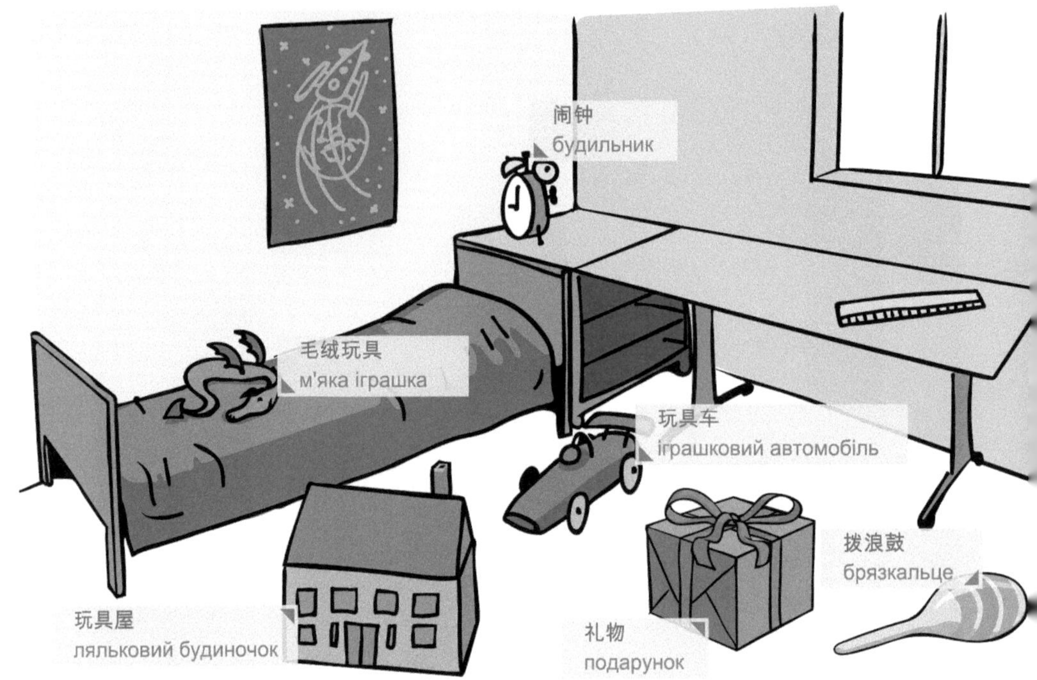

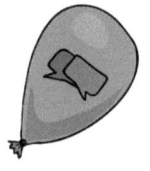

气球

повітряна кулька

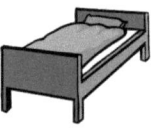

床

ліжко

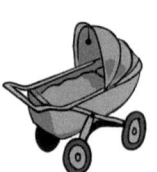

（洋娃娃用）婴儿车

дитячий візок

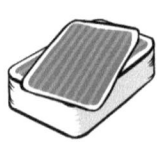

扑克牌

картярська гра

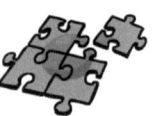

拼图

пазл

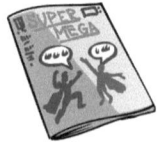

漫画

комікс

乐高积木

лего цеглинки

积木玩具

блоки

玩具人

іграшкова фігурка

婴儿服

повзунки

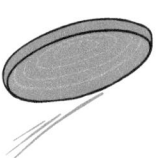

飞盘

фризбі

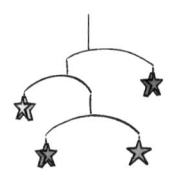

床铃玩具

мобіле

棋盘游戏

настільна гра

骰子

кубик

火车模型

модель залізнична станція

安抚奶嘴

соска

聚会

вечірка

绘本

книжка з картинками

球

м'яч

洋娃娃

лялька

玩

грати

儿童房 - дитяча кімната

沙坑

пісочниця

秋千

гойдалка

玩具

іграшка

游戏机

гральна консоль

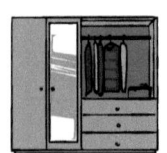

三轮车

триколісний велосипед

泰迪熊

плюшевий мішка

衣柜

шафа

衣服

одяг

袜子

шкарпетки

长袜

панчохи

紧身裤

колготки

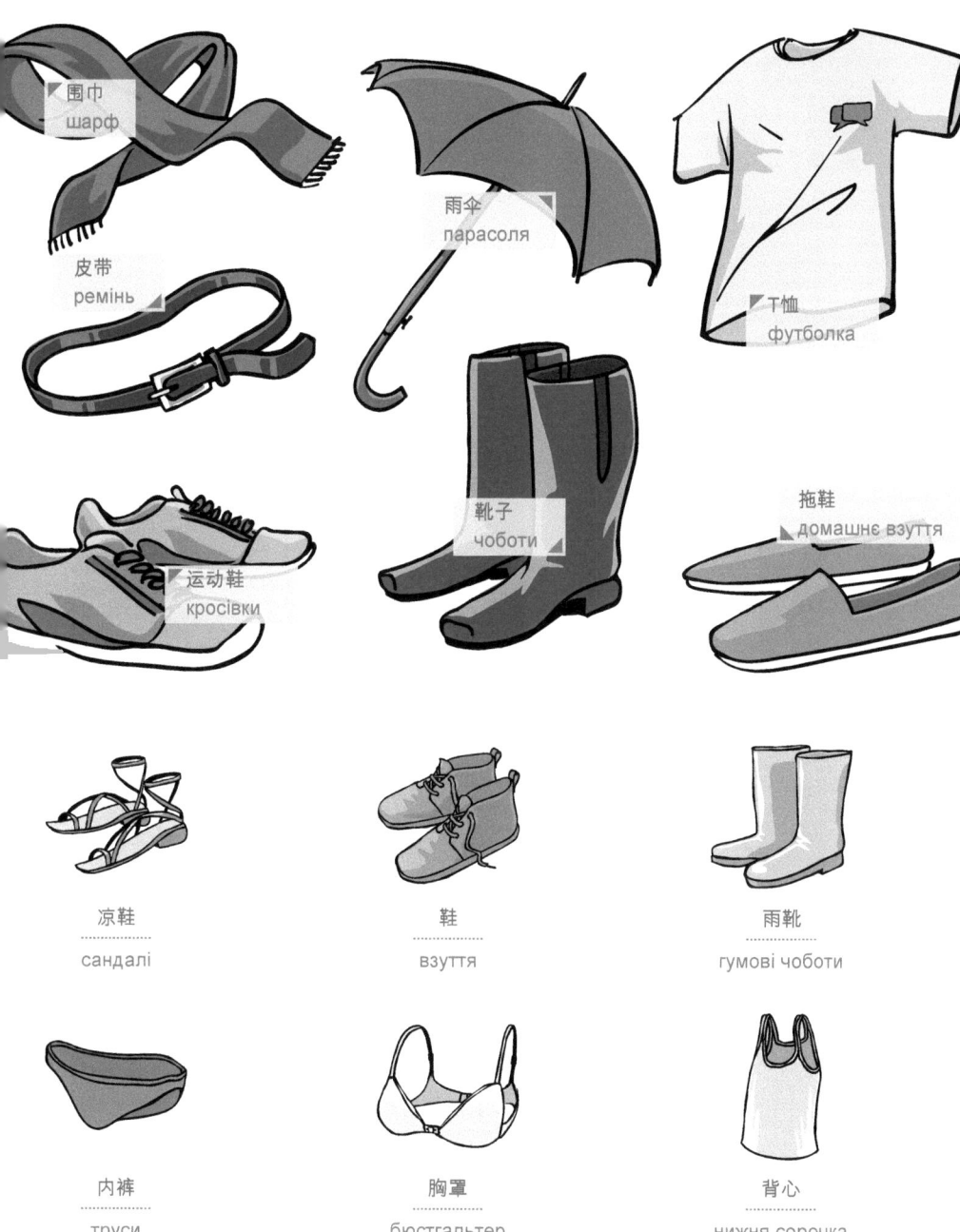

围巾
шарф

雨伞
парасоля

T恤
футболка

皮带
ремінь

靴子
чоботи

拖鞋
домашнє взуття

运动鞋
кросівки

凉鞋
сандалі

鞋
взуття

雨靴
гумові чоботи

内裤
труси

胸罩
бюстгальтер

背心
нижня сорочка

衣服 - одяг

身体

боді

裤子

штани

牛仔裤

джинси

短裙

спідниця

女式衬衫

блузка

衬衫

сорочка

套头衫

пуловер

卫衣

светр

西装夹克

піджак

夹克

куртка

外套

пальто

雨衣

дощовик

套装

костюм

连衣裙

сукня

婚纱

весільна сукня

西装

костюм

睡袍

нічна сорочка

睡衣

піжама

莎丽

сарі

头巾

головна хустка

包头巾

чалма

波卡

бурка

卡夫坦

кафтан

(阿拉伯式)长袍

абая

泳衣

купальник

男式泳裤

плавки

短裤

шорти

运动服

тренувальний костюм

围裙

фартух

手套

рукавички

衣服 - одяг

纽扣

гудзик

眼镜

окуляри

手链

браслет

项链

ланцюг

戒指

кільце

耳环

сережка

便帽

шапка

衣架

плічка

帽子

капелюх

领带

краватка

拉链

застібка-блискавка

头盔

шолом

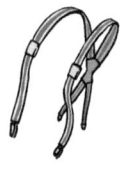

背带

підтяжки

校服

шкільна форма

制服

уніформа

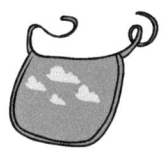

围兜

нагрудник

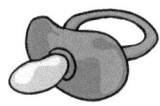

安抚奶嘴

соска

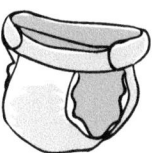

尿不湿

підгузок

办公室

офіс

服务器
сервер
文件柜
шаф для документів
纸
папір
打印机
принтер
显示屏
монітор
鼠标
миша
办公桌
письмовий стіл
文件夹
папка
键盘
синтезатор
废纸篓
кошик для паперу
电脑
комп'ютер
椅子
стілець

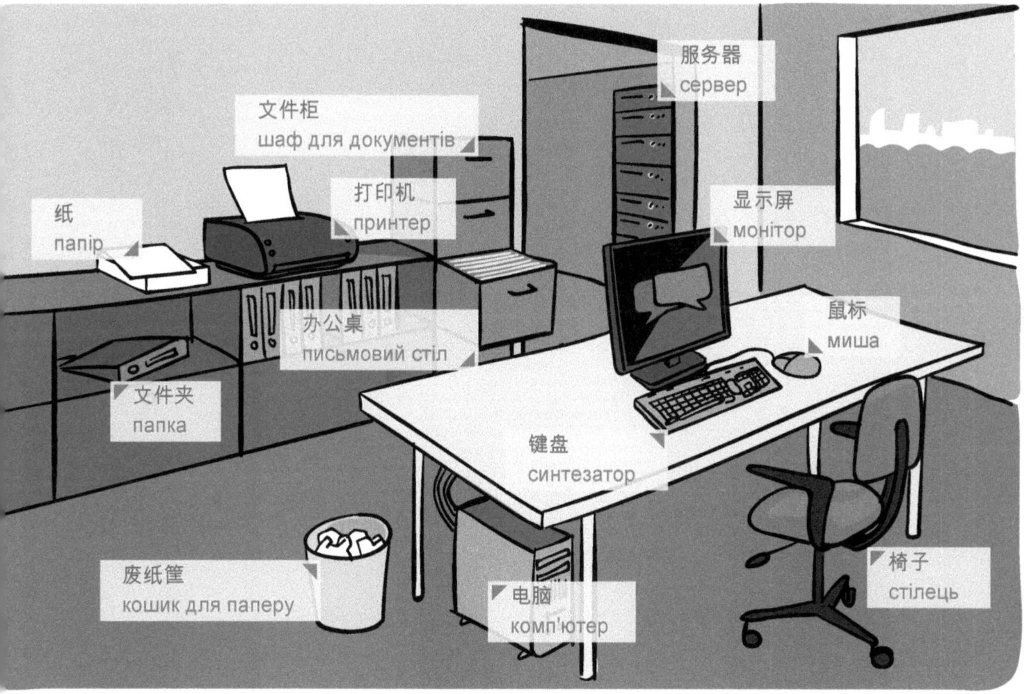

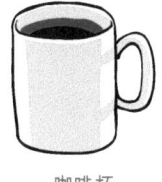

咖啡杯

кавовий кухоль

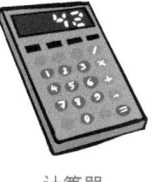

计算器

калькулятор

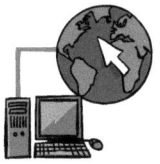

因特网

інтернет

笔记本电脑

ноутбук

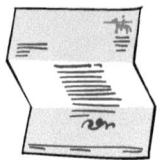

信件

лист

消息

повідомлення

手机

мобільний телефон

网络

мережа

复印机

копіювальний пристрій

软件

програмне забезпечення

电话

телефон

插座

розетка

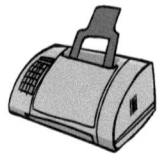

传真机

факс

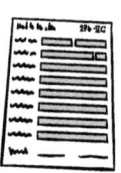

表格

бланк

文件

документ

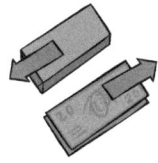

买

купувати

付钱

платити

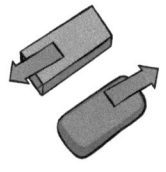

交易

торгувати

现金

гроші

美元

долар

欧元

євро

日元

ієна

卢布

рубль

瑞士法郎

франк

人民币

юанів женьміньбі

卢比

рупія

提款处

банкомат

外币兑换处

обмінний пункт

金

золото

银

срібло

石油

нафта

能源

енергія

价格

ціна

合同

контракт

税金

податок

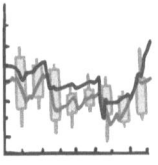

股票

акція

工作

працювати

职员

працівник

老板

роботодавець

工厂

фабрика

商店

магазин

经济 - економіка

професії

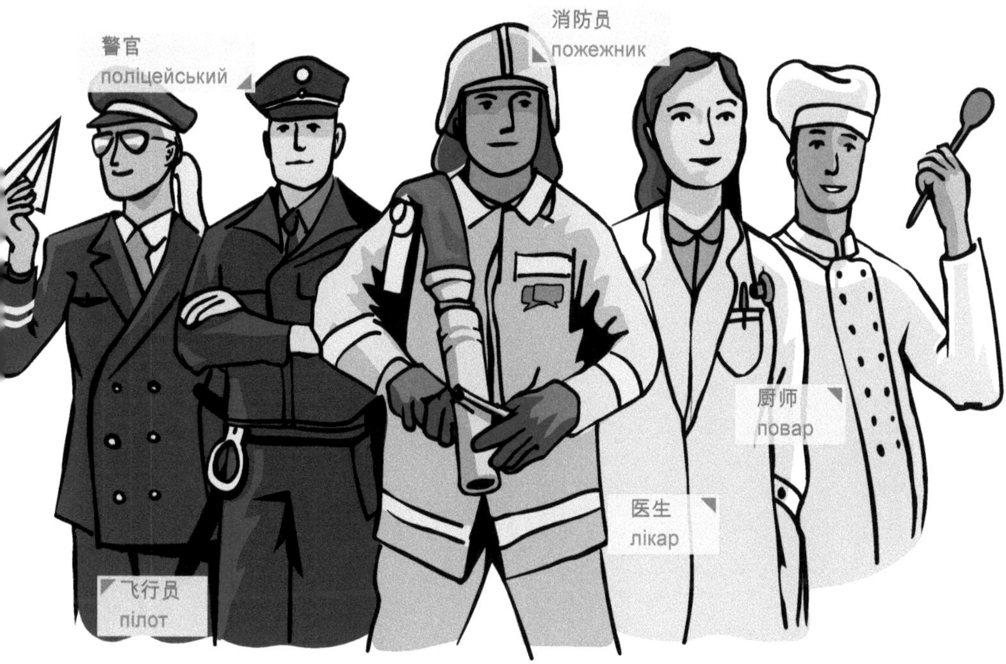
消防员
пожежник
警官
поліцейський
厨师
повар
医生
лікар
飞行员
пілот

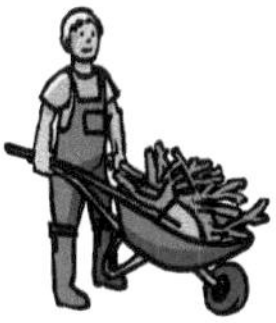

园丁

садівник

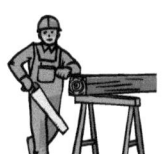

木匠

столяр

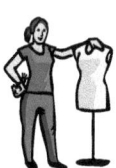

裁缝

швачка

法官

суддя

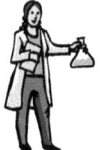

化学家

хімік

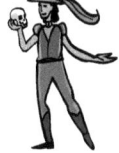

演员

актор

公交车司机

водій автобуса

出租车司机

таксист

渔夫

рибалка

清洁女工

прибиральниця

屋顶工

покрівельник

服务员

офіціант

猎人

мисливець

画家

художник

面包师

пекар

电工

електрик

建筑工人

будівельник

工程师

інженер

屠夫

забійник

水管工

бляхар

邮递员

листоноша

士兵

солдат

建筑师

архітектор

收银员

касир

花农

флорист

理发师

перукар

售票员

кондуктор

机械师

механік

船长

капітан

牙医

дантист

科学家

вчений

拉比

рабин

伊玛目

імам

和尚

монах

牧师

пастор

工具
інструменти

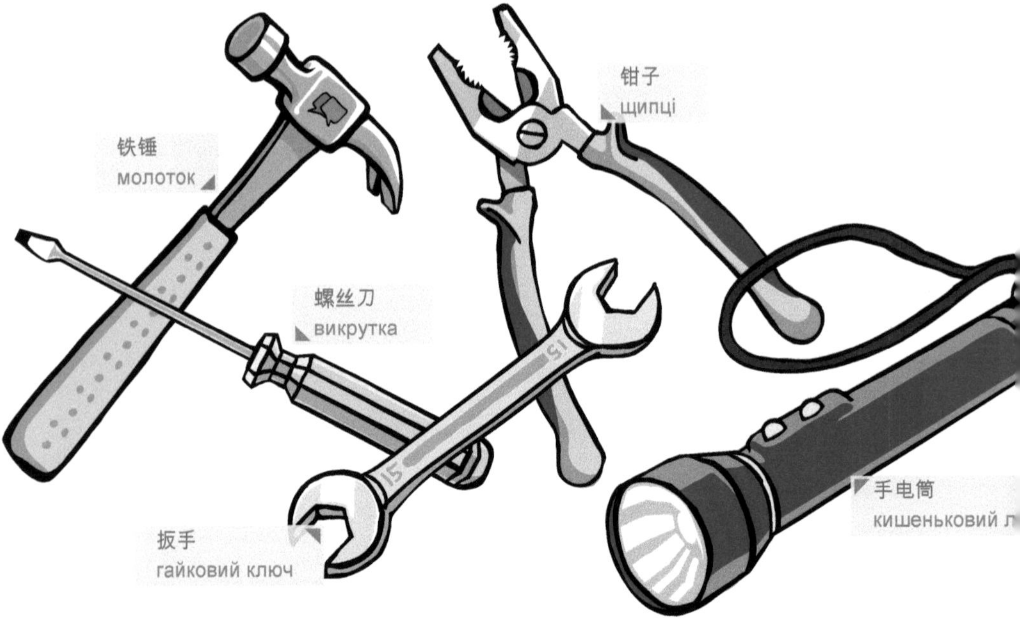

钳子
щипці
铁锤
молоток
螺丝刀
викрутка
手电筒
кишеньковий л
扳手
гайковий ключ

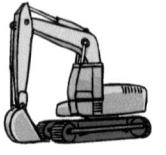

挖掘机

екскаватор

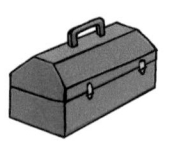

工具箱

ящик для інструментів

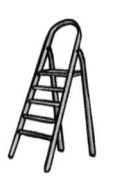

梯子

драбина

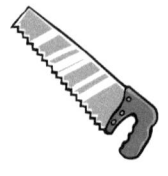

锯子

пилка

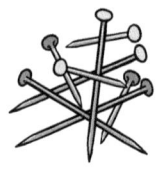

钉子

цвяхи

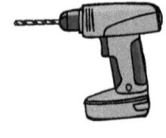

钻机

свердло

修
ремонтувати

铲子
лопата

靠！
лайно!

簸箕
совок

油漆桶
відро з фарбою

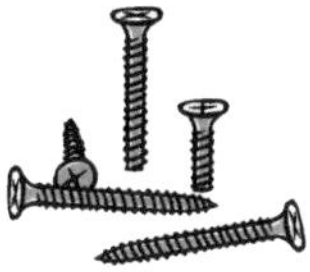

螺丝
гвинти

乐器

музичні інструменти

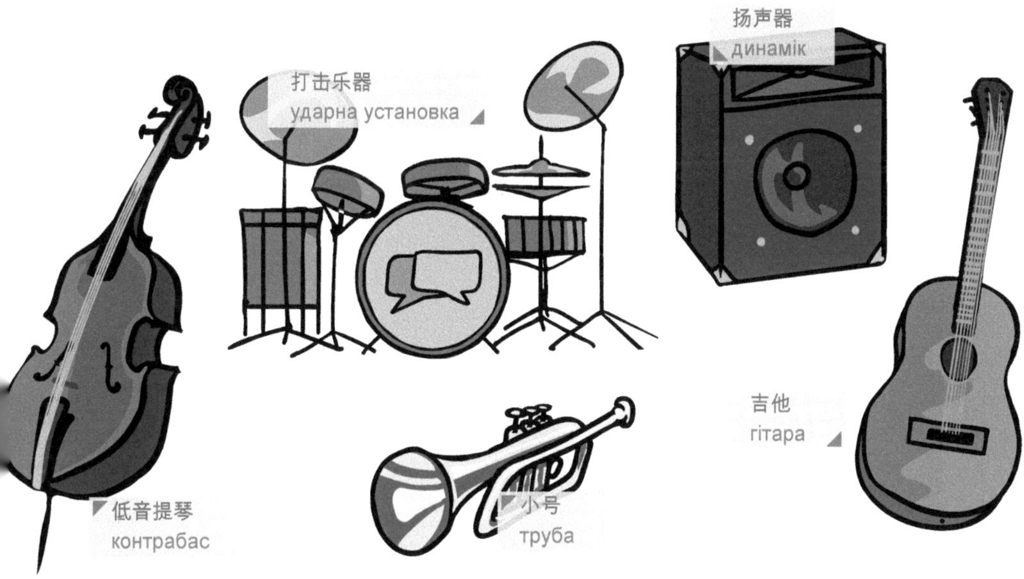

打击乐器
ударна установка ▶

扬声器
▶динамік

低音提琴
контрабас

吉他
гітара ▶

小号
труба

钢琴

фортепіано

小提琴

скрипка

贝斯

бас

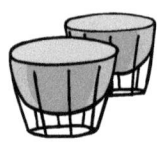

定音鼓

литаври

鼓

барабан

电子琴

клавіатура

萨克斯管

саксофон

长笛

флейта

麦克风

мікрофон

动物园
зоопарк

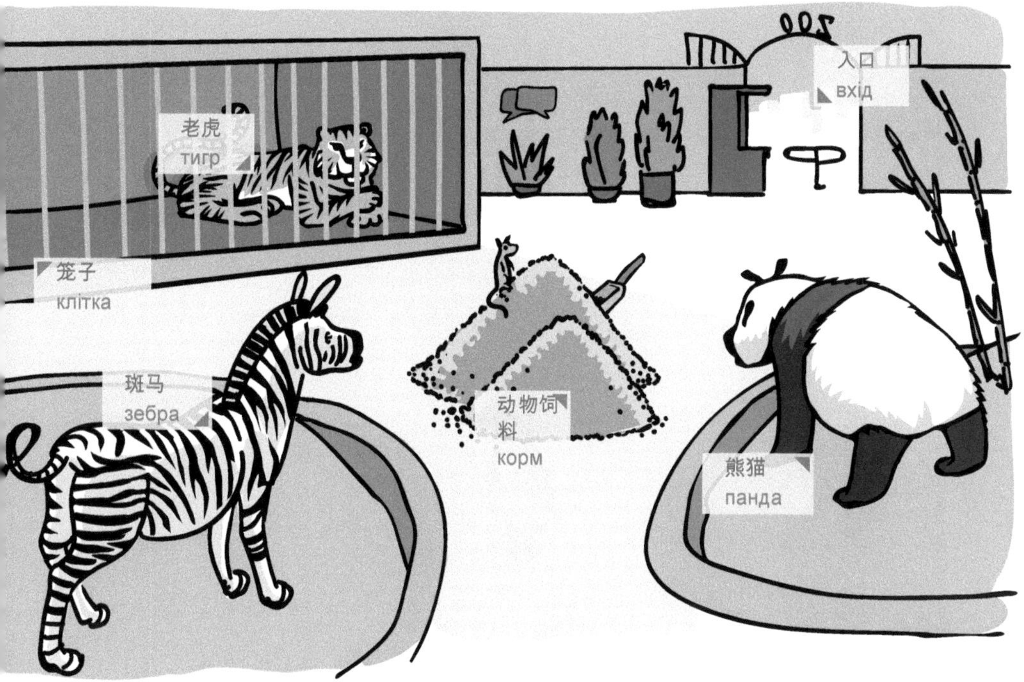

入口
вхід
老虎
тигр
笼子
клітка
斑马
зебра
动物饲料
корм
熊猫
панда

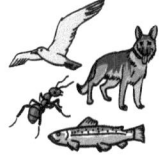

动物

тварини

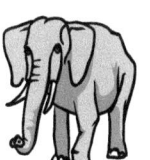

大象

слон

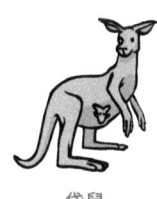

袋鼠

кенгуру

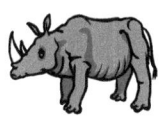

犀牛

носоріг

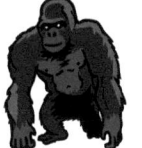

大猩猩

горила

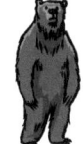

熊

ведмідь

骆驼

верблюд

鸵鸟

страус

狮子

лев

猴子

мавпа

火烈鸟

фламінго

鹦鹉

папуга

北极熊

білий ведмідь

企鹅

пінгвін

鲨鱼

акула

孔雀

павич

蛇

змія

鳄鱼

крокодил

动物园管理员

працівник зоопарку

海豹

тюлень

美洲豹

ягуар

矮种马

поні

豹

леопард

河马

гіпопотам

长颈鹿

жираф

老鹰

орел

野猪

кабан

鱼

риба

龟

черепаха

海象

морж

狐狸

лисиця

羚羊

газель

动物园 - зоопарк

橄榄球
американський футбол

骑自行车
їзда на велосипеді

网球
теніс

篮球
баскетбол

游泳
плавання

拳击
бокс

冰球
хокей

英式足球
футбол

羽毛球
бадмінтон

田径
легка атлетика

手球
гандбол

滑雪
лижні перегони

马球
поло

跳
стрибати

拥抱
обіймати

笑
сміятися

走路
йти

唱
співати

祈祷
молитися

亲吻
цілувати

做梦
мріяти

书写
писати

画
малювати

展示
показувати

推
тиснути

给
давати

拿
брати

有

мати

做

робити

当

бути

站

стояти

跑

бігати

拉

тягнути

扔

кидати

摔倒

падати

躺

лежати

等待

очікувати

携带

носити

坐

сидіти

穿衣

одягати

睡觉

спати

醒来

просипатися

看

дивитися

哭

плакати

抚摸

гладити

梳头

розчісувати

交谈

розмовляти

明白

розуміти

问

питати

听

слухати

喝

пити

吃

їсти

清理

прибирати

爱

любити

做饭

варити

开车

їхати

飞

літати

航行

йти під вітрилом

计算

рахувати

读

читати

学习

вчитися

工作

працювати

结婚

одружуватися

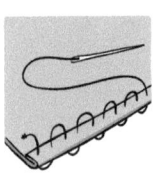

缝

шити

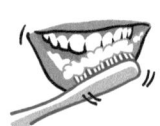

刷牙

чистити зуби

杀

убивати

抽烟

курити

寄

посилати

家
сім'я

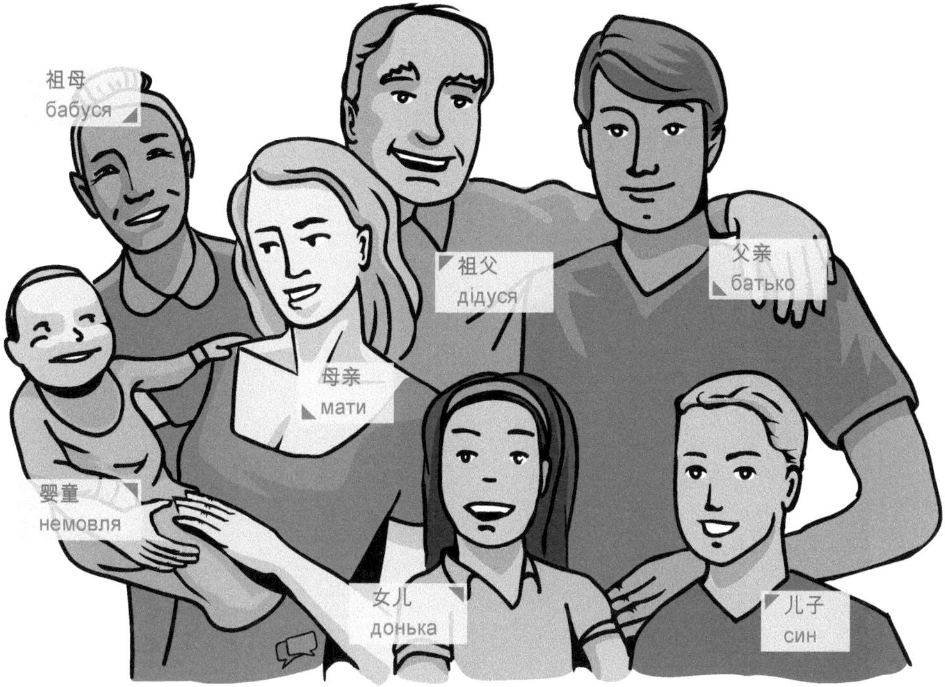

祖母
бабуся
祖父
дідуся
父亲
батько
母亲
мати
婴童
немовля
女儿
донька
儿子
син

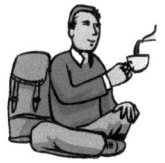

客人

гість

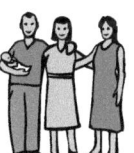

阿姨

тітка

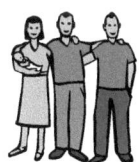

叔叔

дядько

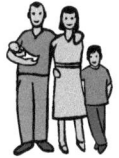

兄弟

брат

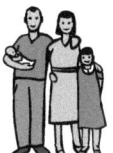

姐妹

сестра

前额
чоло

眼睛
око

肩膀
плече

手指
палець

脸
обличчя

下巴
підборіддя

手
кисть

乳房
груди

腿
нога

手臂
рука

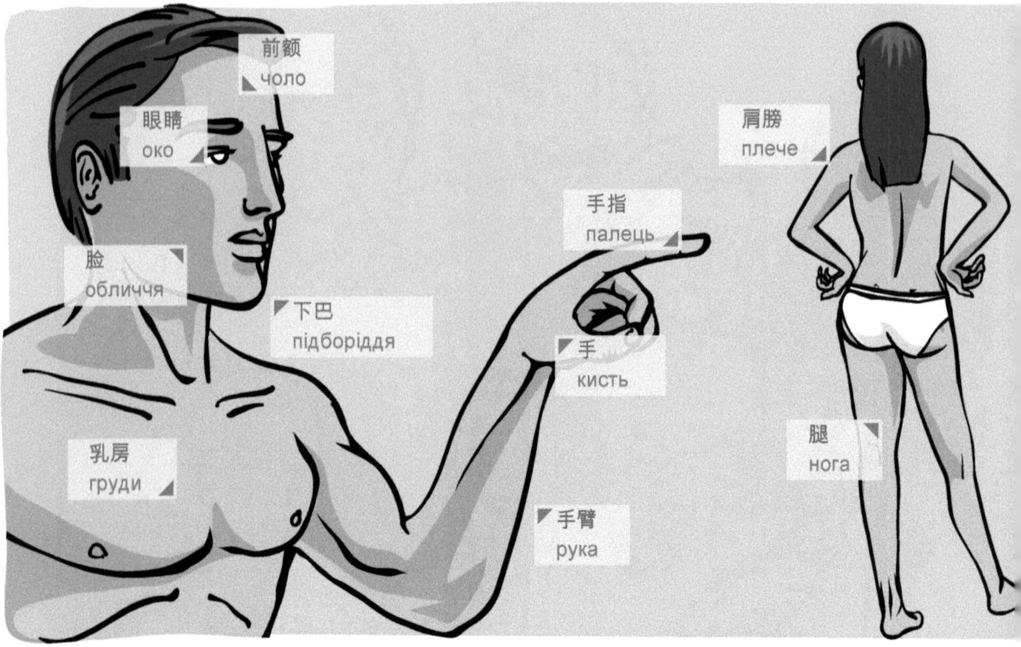

婴童

немовля

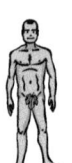

男人

чоловік

女人

жінка

女孩

дівчина

男孩

хлопчик

头

голова

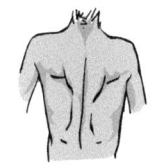

背部

спина

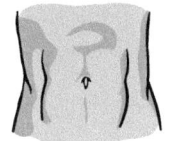

肚子

живіт

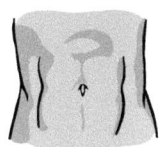

肚脐

пуп

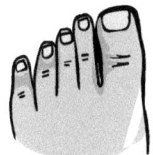

脚趾

палець ноги

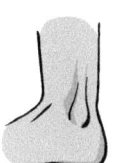

脚后跟

п'ята

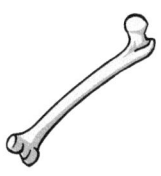

骨头

кістка

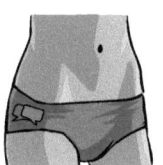

臀部

стегно

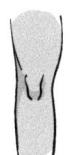

膝盖

коліно

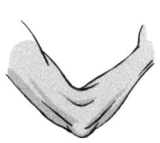

手肘

лікоть

鼻子

ніс

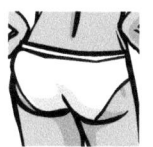

屁股

сідниці

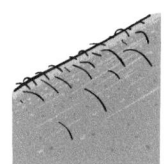

皮肤

шкіра

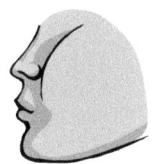

脸颊

щока

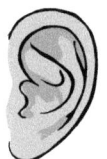

耳朵

вухо

嘴唇

губа

身体 - тіло

嘴

рот

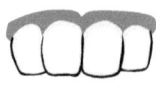

牙齿

зуб

舌头

язик

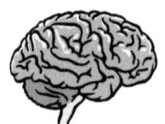

脑

мозок

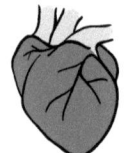

心脏

серце

肌肉

м'яз

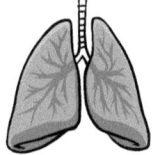

肺

легені

肝脏

печінка

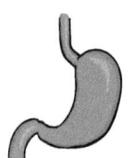

胃

шлунок

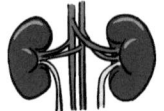

肾脏

нирки

性交

статевий акт

避孕套

презерватив

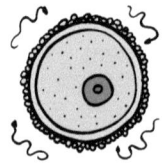

卵子

яйцеклітина

精子

сперма

怀孕

вагітність

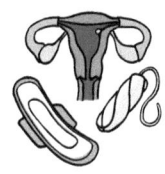

月经

менструація

阴道

вагіна

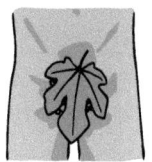

阴茎

пеніс

眉毛

брова

头发

волосся

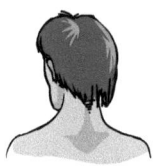

脖子

шия

身体 - тіло

医院
лікарня

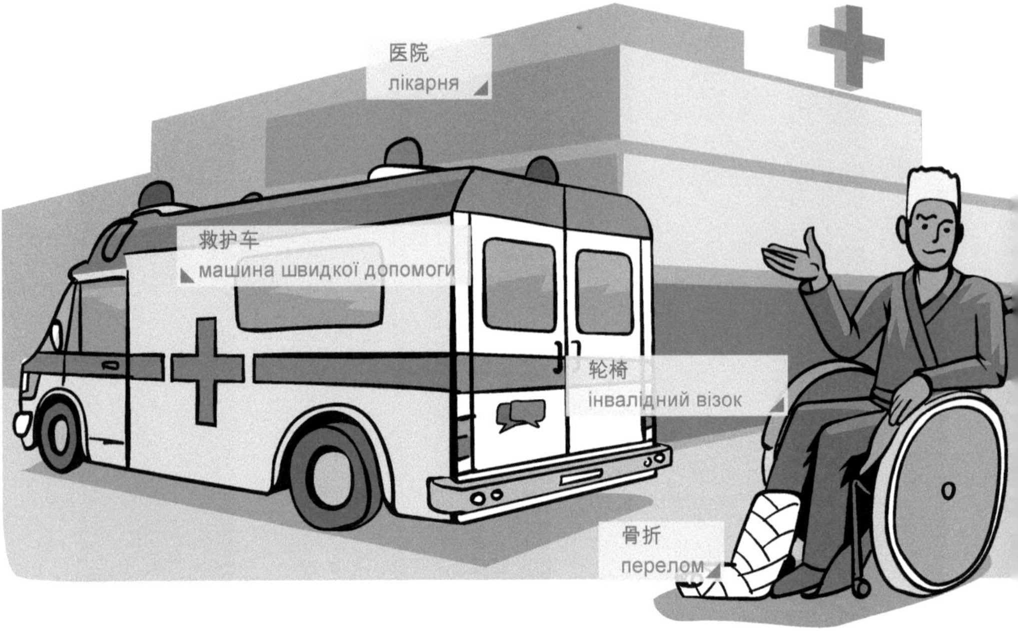

医院
лікарня
救护车
машина швидкої допомоги
轮椅
інвалідний візок
骨折
перелом

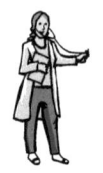

医生

лікар

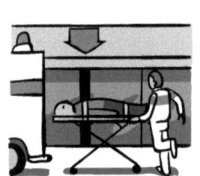

急诊室

відділення швидкої
медичної допомоги

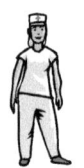

护士

медсестра

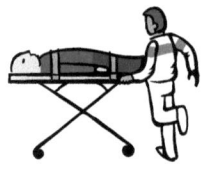

紧急情况

аварійний випадок

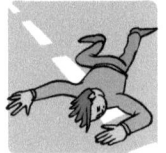

昏迷

непритомний

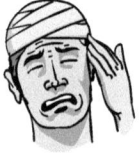

痛

біль

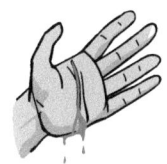

受伤

травма

出血

кровотеча

心脏病发作

інфаркт

中风

інсульт

过敏

алергія

咳嗽

кашель

发烧

лихоманка

流感

грип

腹泻

пронос

头痛

головна біль

癌症

рак

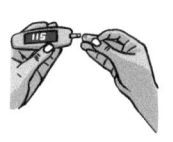

糖尿病

діабет

外科医生

хірург

手术刀

скальпель

手术

операція

CT

KT

X光

рентген

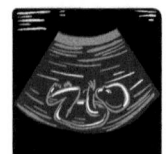

超声波

ультразвук

口罩

маска

疾病

хвороба

候诊室

зал очікування

拐杖

милиця

石膏

пластир

绷带

пов'язка

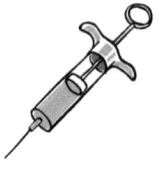

注射

ін'єкція

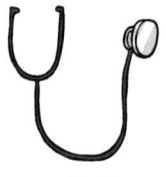

听诊器

стетоскоп

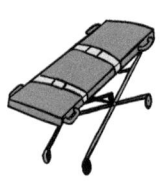

担架

ноші

体温计

термометр

出生

народження

超重

надмірна вага

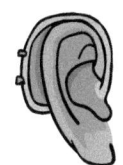

助听器

слуховий апарат

消毒液

дезінфікуючий засіб

感染

інфекція

病毒

вірус

艾滋病

ВІЛ / СНІД

药物

медицина

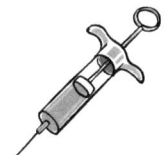

接种疫苗

вакцинація

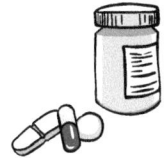

药片

таблетки

药丸

протизаплідна пігулка

急救电话

екстрений виклик

血压计

тонометр

生病/健康

хворий / здоровий

救命！

Допоможіть!

警报

сигнал тривоги

突击

напад

攻击

атака

危险

небезпека

紧急出口

аварійний вихід

着火啦！

Вогонь!

灭火器

вогнегасник

意外

аварія

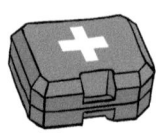

急救箱

аптечка

呼救信号

COC

警察

поліція

欧洲

Європа

北美洲

Північна Америка

南美洲

Південна Америка

非洲

Африка

亚洲

Азія

澳洲

Австралія

大西洋

Атлантика

太平洋

Тихий океан

印度洋

Індійський океан

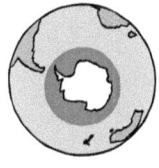

南冰洋

Антарктичний океан

北冰洋

Північний Льодовитий океан

北极

Північний полюс

南极

Південний полюс

南极洲

Антарктика

地球

Земля

陆地

суша

海

море

岛

острів

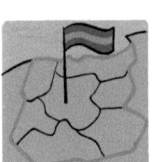

国家

нація

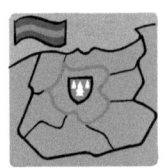

国家

держава

钟面

циферблат

时针

годинникова стрілка

分针

хвилинна стрілка

秒针

секундна стрілка

现在几点？

Котра година?

天

день

时间

час

现在

зараз

电子表

цифровий годинник

分

хвилина

时

година

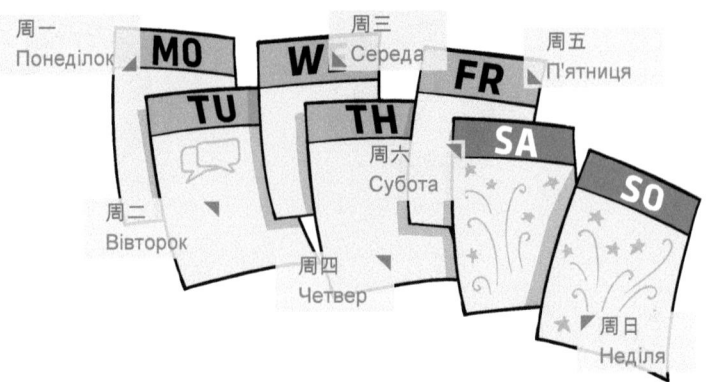

周一 Понеділок
周三 Середа
周五 П'ятниця
周二 Вівторок
周六 Субота
周四 Четвер
周日 Неділя

昨天

вчора

今天

сьогодні

明天

завтра

早晨

ранок

中午

опівдні

晚上

вечір

MO	TU	WE	TH	FR	SA	SU
1	2	3	4	5	6	7
8	9	10	11	12	13	14
15	16	17	18	19	20	21
22	23	24	25	26	27	28
29	30	31	1	2	3	4

工作日

робочі дні

MO	TU	WE	TH	FR	SA	SU
1	2	3	4	5	6	7
8	9	10	11	12	13	14
15	16	17	18	19	20	21
22	23	24	25	26	27	28
29	30	31	1	2	3	4

周末

кінець робочого тижня

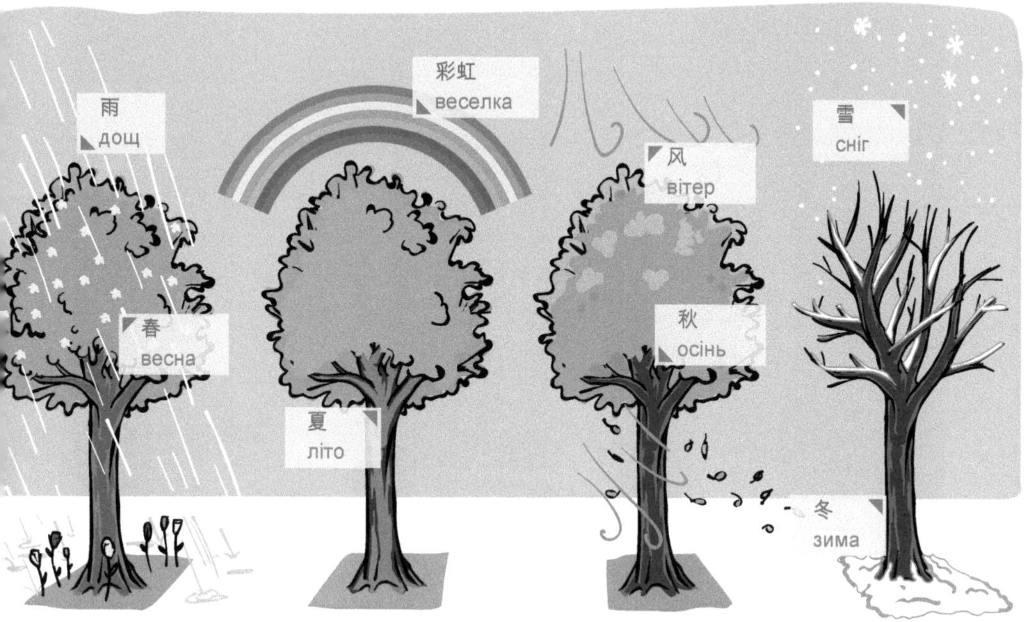

雨
дощ

彩虹
веселка

风
вітер

雪
сніг

春
весна

夏
літо

秋
осінь

冬
зима

天气预报
прогноз погоди

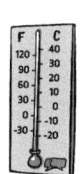

温度计
термометр

阳光
сонячне світло

云
хмара

雾
туман

潮湿
вологість повітря

闪电

блискавка

打雷

грім

风暴

шторм

冰雹

град

季风

мусон

洪水

повінь

冰

лід

一月

Січень

二月

Лютий

三月

Березень

四月

Квітень

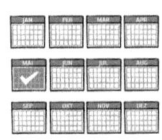

五月

Травень

六月

Червень

七月

Липень

八月

Серпень

年 - рік

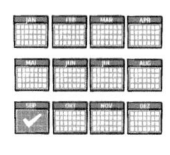

九月

Вересень

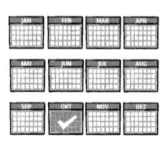

十月

Жовтень

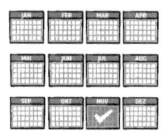

十一月

Листопад

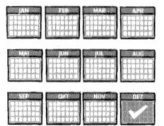

十二月

Грудень

形状
форми

圆形

круг

正方形

квадрат

长方形

прямокутник

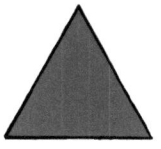

三角形

трикутник

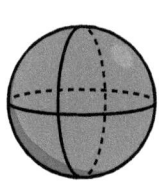

球体

куля

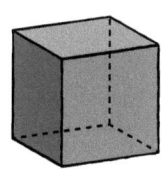

立方体

куб

形状 - форми

白
....
білий

黄
....
жовтий

橙
....
помаранчевий

粉
....
рожевий

红
....
червоний

紫
....
фіолетовий

蓝
....
синій

绿
....
зелений

棕
....
коричневий

灰
....
сірий

黑
....
чорний

很多/少许
....
багато / мало

生气/平静
....
лютий / мирний

美/丑
....
гарний / бридкий

首/尾
....
початок / кінець

大/小
....
великий / малий

明/暗
....
світлий / темний

兄弟/姐妹
....
брат / сестра

干净/肮脏
....
чистий / брудний

完整/缺失
....
завершений /
незавершений

白天/晚上
....
день / ніч

死/生
....
мертвий / живий

宽/窄
....
широкий / вузький

可食用/非食用

їстівний / неїстівний

邪恶/善良

злий / дружній

兴奋/无聊

збуджений / нудьгуючий

胖/瘦

товстий / тонкий

第一/最后

спочатку / востаннє

朋友/敌人

друг / ворог

满/空

повний / порожній

硬/软

жорсткий / м'який

重/轻

важкий / легкий

饿/渴

голод / спрага

生病/健康

хворий / здоровий

非法/合法

незаконний / законний

聪明/愚笨

розумний / дурний

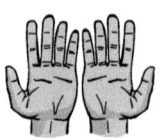

左/右

вліво / вправо

近/远

поруч / далеко

新/旧

новий / використаний

没有/有些

нічого / щось

老/幼

старий / молодий

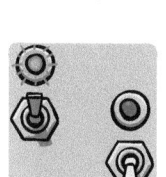

开/关

вкл / викл

打开/合上

відкрито / закрито

安静/吵闹

тихо / гучно

富/穷

багатий / бідний

对/错

правильно / неправильно

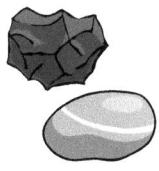

粗糙/光滑

шорсткий / гладкий

伤心/高兴

сумний / щасливий

短/长

короткий / довгий

慢/快

повільно / швидко

湿/干

вологий / сухий

温暖/凉爽

гарячий / холодний

战争/和平

війна / мир

反义词 - протилежності

0

零
....
нуль

1

一
....
один

2

二
....
два

3

三
....
три

4

四
....
чотири

5

五
....
п'ять

6

六
....
шість

7

七
....
сім

8

八
....
вісім

9

九
....
дев'ять

10

十
....
десять

11

十一
....
одинадцять

12

十二

дванадцять

13

十三

тринадцять

14

十四

чотирнадцять

15

十五

п'ятнадцять

16

十六

шістнадцять

17

十七

сімнадцять

18

十八

вісімнадцять

19

十九

дев'ятнадцять

20

二十

двадцять

100

百

сто

1.000

千

тисяча

1.000.000

百万

мільйон

英语

англійська

美式英语

американська англійська

普通话

китайська
високочиновницька

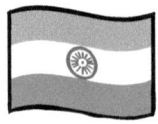

印地语

хінді

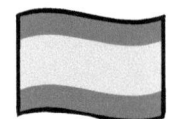

西班牙语

іспанська

法语

французька

阿拉伯语

арабська

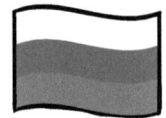

俄语

російська

葡萄牙语

португальська

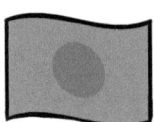

孟加拉语

бенгальська

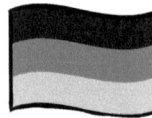

德语

німецька

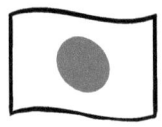

日语

японська

我

я

你

ти

他/她/它

він / вона / воно

我们

ми

你们

ви

他们

вони

谁？

хто?

什么？

що?

怎样？

як?

哪里？

де?

什么时候？

коли?

名字

ім'я

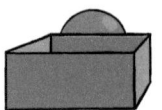

后面

ззаду

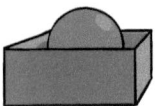

里面

в

前面

перед

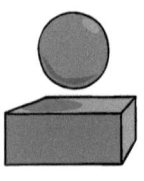

上方

над

上面

на

下面

під

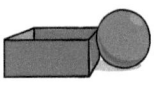

旁边

біля

中间

між

地点

місце